CHRISTELLE HUET-GOMEZ
PHOTOGRAPHIES DE DAVID JAPY
STYLISME ET ILLUSTRATIONS DE CHRISTINE LEGERET

ROSE TARTES

LES PETITS PLATS
MARABOUT
ORIGINAUX & AUTHENTIQUES
DEPUIS L'AN 2000

SOMMAIRE

LES BASES

CHOISIR SA ROSE

LA ROSE INDIVIDUELLE

Principe : découper les fruits en lamelles, badigeonner la pâte de confiture, rouler tout ensemble.
Réalisation : très facile, très rapide, pas de dressage des fruits, tout est dans le roulage.

LA ROSE GÉANTE

Principe : enrouler une lamelle de pomme sur elle-même, la planter au centre de la tarte, enrouler d'autres lamelles autour de la première jusqu'à former une rose géante recouvrant la tarte.
Réalisation : un peu longue.

LE BUISSON DE ROSES

Principe : enrouler une lamelle de pomme sur elle-même, la planter au centre de la tarte, enrouler d'autres lamelles autour pour former un bouton de rose. Former d'autres boutons pour recouvrir la tarte.
Réalisation : un peu longue.

LE BUISSON EN TROMPE L'OEIL

Principe : conglomérat de tartelettes boutons de rose dans un grand moule à tarte.
Réalisation : rapide.

CRÉER SA ROSE

CHOISIR LES POMMES

Pink lady pour des fleurs roses.
Honey crunch, Elstars ou reines des reinettes pour des fleurs rouges et jaunes.
Goldens pour des fleurs jaunes.
Granny-smith pour des fleurs vertes.
Royal gala ou ariane pour des fleurs rouges.
Éviter les belles de boskoop et les reinettes du Canada, dont la chair est trop fondante.
Ne pas les éplucher : la peau participe à leur tenue et apporte de la couleur à la tarte. Bien laver les fruits.

DÉCOUPER LES FRUITS ET LA PÂTE

Choisir des fruits fermes et utiliser un couteau bien aiguisé ou une mandoline.
Avec une pate feuilletée ronde, toutes les bandes n'auront pas la même longueur, mais les plus petites feront de jolies tartes aussi.

CUIRE LES TARTES

Certains fruits doivent être précuits (pochés quelques minutes dans un sirop) pour faciliter le roulage des tartes. Cuire les tartelettes dans des moules à muffin pour éviter qu'elles s'affaissent (moules en silicone ou bien moules en Téflon® beurrés).
En cours de cuisson, vérifier la coloration des fruits (couvrir d'aluminium si besoin).

rose tarte
POMME CANNELLE

Pour 6 rose tartes
Préparation 20 minutes
Cuisson 35 minutes

1 pâte feuilletée
2 pommes
30 g de beurre demi-sel
20 g de sucre roux
1 cuillerée à café de cannelle en poudre
1 bâton de cannelle
Le jus de ½ citron
50 cl d'eau
50 g de sucre
Sucre glace

6 moules à muffin

Couper les pommes en quatre puis ôter le cœur. Découper des lamelles de 1 à 2 mm d'épaisseur. Porter à ébullition l'eau et le jus de citron avec le sucre et le bâton de cannelle. Plonger les pommes dans le sirop, laisser cuire 5 minutes puis égoutter.

Préchauffer le four à 190 °C. Couper la pâte en 6 bandes de 5 cm de large. Les disposer horizontalement devant soi. Mélanger le beurre fondu, la cannelle et le sucre roux. En étaler 1 cuillerée à café sur chaque bande. Répartir les pommes sur la moitié supérieure en les chevauchant et en les laissant dépasser un peu (peau vers le haut). Badigeonner les fruits du beurre fondu restant. Replier la moitié inférieure de la bande sur les fruits en appuyant légèrement.

Rouler chaque bande sur elle-même et la placer dans un moule à muffin. Enfourner 35 minutes dans le bas du four. Laisser tiédir, démouler et saupoudrer de sucre glace.

rose tarte POMME VANILLE

Pour 6 rose tartes
Préparation 30 minutes
Cuisson 40 minutes

1 pâte feuilletée
2 pommes
1 gousse de vanille
1 sachet de sucre vanillé
50 g de sucre
50 cl d'eau
Le jus de ½ citron

CRÈME VANILLE
1 gousse de vanille
10 cl de lait entier
1 jaune d'œuf
20 g de sucre
10 g de Maïzena®
10 g de beurre

6 moules à muffin

Pour la crème, faire chauffer le lait avec les graines de vanille et la gousse ouverte. Dans un récipient, fouetter le jaune d'œuf, le sucre et la Maïzena®. Retirer la vanille et verser le lait en fouettant. Reverser le tout dans la casserole et faire chauffer sur feu moyen 5 minutes jusqu'à ce que le mélange épaississe. Hors du feu, ajouter le beurre, mélanger. Filmer et placer au réfrigérateur.

Couper les pommes en quatre, ôter le cœur. Découper des lamelles de 2 mm d'épaisseur. Porter à ébullition l'eau, le jus de citron, le sucre et la vanille. Plonger les pommes dans le sirop, laisser cuire 5 minutes, égoutter.

Préchauffer le four à 190 °C. Couper la pâte en 6 bandes de 5 cm de large. Les disposer horizontalement devant soi. Étaler 1 cuillerée de crème vanille sur chaque bande. Répartir les pommes sur la moitié supérieure en les chevauchant et en les laissant dépasser (peau vers le haut). Replier la moitié inférieure de la bande sur les fruits en appuyant. Rouler chaque bande sur elle-même et la placer dans un moule à muffin. Enfourner 40 minutes dans le bas du four. Laisser tiédir, démouler et saupoudrer de sucre vanillé.

rose tarte
POMME RHUBARBE

Pour 6 rose tartes
Préparation 35 minutes
Macération 4 heures
Cuisson 40 minutes

1 pâte feuilletée
2 tiges de rhubarbe
2 pommes
150 g de sucre
50 cl d'eau
Le jus de ½ citron
Sucre glace

CRÈME D'AMANDES
50 g de poudre d'amandes
50 g de beurre mou
1 œuf
50 g de sucre

6 moules à muffin

Éplucher la rhubarbe. La couper en tranches fines dans la longueur, les placer dans une passoire et recouvrir de 100 g de sucre. Laisser égoutter 4 heures minimum. Couper les pommes en quatre, ôter le cœur. Découper des lamelles de 2 mm d'épaisseur. Porter à ébullition l'eau avec le jus de citron et 50 g de sucre. Plonger la rhubarbe dans le sirop, laisser cuire 5 minutes. Ajouter les pommes, laisser cuire 5 minutes. Égoutter. Pour la crème d'amandes, fouetter l'œuf et le sucre puis ajouter la poudre d'amandes et le beurre.

Préchauffer le four à 190 °C. Couper la pâte en 6 bandes de 5 cm de large. Les disposer horizontalement devant soi. Étaler 1 cuillerée de crème d'amandes sur chaque bande. Déposer une tranche de rhubarbe dessus puis des pommes sur la moitié supérieure en les chevauchant et en les laissant dépasser un peu (peau vers le haut). Replier la moitié inférieure de la bande sur les fruits en appuyant légèrement.

Rouler chaque bande sur elle-même et la placer dans un moule à muffin. Enfourner 40 minutes dans le bas du four. Laisser tiédir, démouler et saupoudrer de sucre glace.

rose tarte
POMME CITRON

Pour 6 rose tartes
Préparation 30 minutes
Cuisson 40 minutes

1 pâte feuilletée
2 pommes
60 g de lemon curd
50 g de sucre
50 cl d'eau
Le jus de ½ citron
Sucre glace

6 moules à muffin

Couper les pommes en quatre puis ôter le cœur. Découper des lamelles de 2 mm d'épaisseur. Porter à ébullition l'eau avec le jus de citron et le sucre. Plonger les pommes dans le sirop, laisser cuire 5 minutes, égoutter.

Préchauffer le four à 190 °C. Couper la pâte en 6 bandes de 5 cm de large. Les disposer horizontalement devant soi. Étaler 1 cuillère à soupe de lemon curd sur chaque bande. Disposer des lamelles de pomme sur la moitié supérieure en les chevauchant et en les laissant dépasser un peu (peau vers le haut). Replier la moitié inférieure de la bande sur les fruits en appuyant légèrement.

Rouler chaque bande sur elle-même et la placer dans un moule à muffin. Enfourner 40 minutes dans le bas du four. Laisser tiédir, démouler et saupoudrer de sucre glace.

LEMON CURD MAISON

Dans une casserole, fouetter 1 œuf et 40 g de sucre. Ajouter 10 g de Maïzena®, le jus de 1 citron et 10 g de beurre en fouettant. Faire cuire 5 minutes environ jusqu'à ce que le mélange épaississe.

rose tarte
POMME PISTACHE

Pour 6 rose tartes
Préparation 25 minutes
Cuisson 35 minutes

6 feuilles de brick
2 pommes rouges
6 cuillères à café de miel liquide
40 g de pistaches concassées grillées
50 cl d'eau
Le jus de ½ citron
30 g de beurre
50 g de sucre
Sucre glace

6 moules à muffin

Couper les pommes en quatre puis ôter le cœur. Découper des lamelles de 1 à 2 mm d'épaisseur. Porter à ébullition l'eau avec le jus de citron et le sucre. Plonger les pommes dans le sirop, laisser cuire 5 minutes puis égoutter.

Préchauffer le four à 190 °C. Faire fondre le beurre et l'étaler sur les feuilles de brick à l'aide d'un pinceau. Plier chaque feuille de façon à former des bandes de 5 cm de large. Étaler 1 cuillère à café de miel sur chaque bande et saupoudrer de pistaches concassées. Disposer les pommes sur la moitié supérieure en les chevauchant et en les laissant dépasser un peu (peau vers le haut). Replier la moitié inférieure de la bande sur les fruits en appuyant légèrement.

Rouler chaque bande sur elle-même et la placer dans un moule à muffin. Répartir les pistaches restantes sur les fruits. Enfourner 35 minutes dans le bas du four. Laisser tiédir, démouler et saupoudrer de sucre glace.

rose tarte
POMME POIRE

Pour 6 rose tartes
Préparation 15 minutes
Cuisson 35 minutes

1 pâte feuilletée
1 pomme
1 poire
6 cuillerées à café de confiture d'abricots
Le jus de ½ citron
50 cl d'eau
50 g de sucre
Sucre glace

6 moules à muffin

Couper les fruits en quatre puis ôter le cœur. Découper des lamelles de 1 à 2 mm d'épaisseur. Porter à ébullition l'eau avec le jus de citron et le sucre. Plonger les fruits dans le sirop, laisser cuire 5 minutes puis égoutter.

Préchauffer le four à 190 °C. Couper la pâte en 6 bandes de 5 cm de large. Les disposer horizontalement devant soi. Étaler 1 cuillerée à café de confiture d'abricots sur chaque bande. Répartir les fruits sur la moitié supérieure en les chevauchant et en les laissant dépasser un peu (peau vers le haut). Replier la partie inférieure de la bande sur les fruits en appuyant légèrement.

Rouler chaque bande sur elle-même et la placer dans un moule à muffin. Enfourner 35 minutes dans le bas du four. Laisser tiédir, démouler et saupoudrer de sucre glace.

rose tarte
POIRE CHOCOLAT

Pour 6 rose tartes
Préparation 40 minutes
Repos 30 minutes
Cuisson 30 minutes

2 poires
60 g de chocolat noir
6 cl de crème liquide
60 g de sucre roux
50 cl d'eau
Le jus de ½ citron
50 g de sucre
Cacao en poudre

PÂTE SABLÉE AU CHOCOLAT*
230 g de farine
125 g de beurre
15 g de cacao en poudre
60 g de sucre
1 jaune d'œuf
5 cl d'eau

6 moules à muffin

***ou pâte sablée classique**

Pour la pâte, mélanger la farine, le cacao et le sucre. Ajouter le beurre en morceaux, le jaune d'œuf et l'eau en pétrissant après chaque ajout. Envelopper la boule dans du film, la placer 30 minutes au frais. Couper les poires en quatre, ôter le cœur. Découper des lamelles de 2 mm d'épaisseur. Porter à ébullition l'eau avec le jus de citron et le sucre. Cuire les poires 5 minutes dans le sirop, les égoutter. Faire fondre le chocolat. Faire chauffer la crème et la mélanger au chocolat. Incorporer le sucre roux.

Préchauffer le four à 180 °C. Étaler finement la pâte en un grand rectangle sur un plan de travail fariné. Couper 6 bandes de 5 cm de large sur 30 cm de long. Étaler 1 cuillerée de crème chocolat sur chaque bande. Disposer chaque bande horizontalement devant soi. Déposer les lamelles de poire sur la moitié supérieure en les chevauchant et en les laissant dépasser un peu (peau vers le haut). Replier la moitié inférieure de la bande sur les fruits en appuyant.

Rouler chaque bande sur elle-même et la placer dans un moule à muffin. Enfourner 30 minutes dans le bas du four. Laisser tiédir, démouler et saupoudrer de cacao.

rose tarte

POIRE SPÉCULOOS

Pour 6 rose tartes
Préparation 25 minutes
Cuisson 35 minutes

1 pâte feuilletée
2 poires
60 g de pâte de spéculoos
1 bâton de cannelle
2 spéculoos réduits en poudre
50 cl d'eau
Le jus de ½ citron
50 g de sucre

6 moules à muffin

Couper les poires en quatre puis ôter le cœur. Découper des lamelles de 1 à 2 mm d'épaisseur. Porter à ébullition l'eau avec le jus de citron, le sucre et le bâton de cannelle. Plonger les poires dans le sirop, laisser cuire 5 minutes puis égoutter.

Préchauffer le four à 190 °C. Couper la pâte en 6 bandes de 5 cm de large. Les disposer horizontalement devant soi. Étaler 1 cuillère à café de pâte de spéculoos sur chaque bande. Disposer des lamelles de poire sur la moitié supérieure en les chevauchant et en les laissant dépasser un peu (peau vers le haut). Replier la moitié inférieure de la bande sur les fruits en appuyant légèrement.

Rouler chaque bande sur elle-même et la placer dans un moule à muffin. Enfourner 35 minutes dans le bas du four. Laisser tiédir, démouler et saupoudrer de poudre de spéculoos.

rose tarte

POIRE CHOCOLAT BLANC

Pour 6 personnes
Préparation 25 minutes
Cuisson 35 minutes

1 pâte feuilletée
2 poires
80 g de chocolat blanc
2 cuillerées à café de quatre-épices
Le jus de ½ citron
50 g de sucre
50 cl d'eau

6 moules à muffin

Couper les poires en quatre puis ôter le cœur. Découper des lamelles de 1 à 2 mm d'épaisseur à l'aide d'un couteau bien aiguisé ou d'une mandoline. Porter à ébullition l'eau avec le jus de citron, le sucre et 1 cuillerée à café de quatre-épices. Plonger les lamelles de poire dans le sirop, laisser cuire 5 minutes puis égoutter. Faire fondre le chocolat blanc, ajouter 1 cuillerée à café de quatre-épices et mélanger.

Préchauffer le four à 190 °C. Couper la pâte en 6 bandes de 5 cm de large. Les disposer horizontalement devant soi. Étaler 1 cuillerée à café de chocolat fondu sur chaque bande. Disposer des lamelles de poire sur la moitié supérieure en les chevauchant et en les laissant dépasser un peu (peau vers le haut). Replier la moitié inférieure de la bande sur les fruits en appuyant légèrement.

Rouler chaque bande sur elle-même et la placer dans un moule à muffin. Enfourner 35 minutes dans le bas du four. Laisser tiédir et démouler.

rose tarte

POIRE ROSE

Pour 6 rose tartes
Préparation 25 minutes
Cuisson 25 minutes

6 feuilles de pâte filo
2 poires
1 cuillerée à soupe d'eau de rose
20 g de beurre fondu
Le jus de ½ citron
50 g de sucre
50 cl d'eau

CRÈME D'AMANDES
50 g de poudre d'amandes
50 g de beurre mou
1 cuillerée à soupe d'eau de rose
1 œuf
50 g de sucre

6 moules à muffin

Couper les poires en quatre puis ôter le cœur. Découper des lamelles de 1 à 2 mm d'épaisseur. Porter à ébullition l'eau avec le jus de citron, le sucre et l'eau de rose. Plonger les poires dans le sirop, laisser cuire 5 minutes puis égoutter.

Préchauffer le four à 180 °C. Badigeonner de beurre fondu les feuilles de pâte filo. Plier chaque feuille de façon à obtenir une bande de 5 cm de large sur 30 cm de long. Disposer les bandes horizontalement devant soi.

Mélanger l'œuf, le beurre, le sucre, la poudre d'amandes et l'eau de rose. Étaler 1 cuillerée à soupe de crème sur chaque bande. Disposer des poires sur la moitié supérieure en les chevauchant et en les laissant dépasser un peu (peau vers le haut). Replier la moitié inférieure de la bande sur les fruits en appuyant légèrement.

Rouler chaque bande sur elle-même et la placer dans un moule à muffin. Enfourner 25 minutes dans le bas du four. Laisser tiédir et démouler.

Oriental
Rose
Rose water

rose tarte
PÊCHE ABRICOT

Pour 6 rose tartes
Préparation 15 minutes
Cuisson 35 minutes

1 pâte feuilletée
3 pêches
6 cuillerées à café de confiture d'abricots
Sucre glace

6 moules à muffin

Couper les pêches en quatre et ôter le noyau. Découper des lamelles de 1 à 2 mm d'épaisseur.

Préchauffer le four à 190 °C. Couper la pâte en 6 bandes de 5 cm de large. Les disposer horizontalement devant soi. Étaler 1 cuillerée à café de confiture d'abricots sur chaque bande. Déposer des lamelles de pêche sur la moitié supérieure en les chevauchant et en les laissant dépasser un peu (peau vers le haut). Replier la moitié inférieure de la bande sur les fruits en appuyant légèrement.

Rouler chaque bande sur elle-même et la placer dans un moule à muffin. Enfourner 35 minutes dans le bas du four. Laisser tiédir, démouler et saupoudrer de sucre glace.

rose tarte
NECTARINE PISTACHE

Pour 6 rose tartes
Préparation 20 minutes
Cuisson 40 minutes

1 pâte feuilletée
3 nectarines
30 g de pistaches grillées concassées

CRÈME PISTACHE
50 g de poudre de pistaches (ou de pistaches mixées)
40 g de beurre mou
1 œuf
40 g de sucre

6 moules à muffin

Couper les nectarines en quatre et ôter le noyau. Découper des lamelles de 1 à 2 mm d'épaisseur.

Préchauffer le four à 190 °C. Couper la pâte en 6 bandes de 5 cm de large. Les disposer horizontalement devant soi. Fouetter tous les ingrédients de la crème pistache et en étaler 1 cuillerée à soupe sur chaque bande. Déposer des nectarines sur la moitié supérieure en les chevauchant et en les laissant dépasser un peu (peau vers le haut). Replier la moitié inférieure de la bande sur les fruits en appuyant légèrement.

Rouler chaque bande sur elle-même et la placer dans un moule à muffin. Enfourner 40 minutes dans le bas du four. Laisser tiédir, démouler et saupoudrer de pistaches.

ASTUCE
Pour une crème plus intense, remplacer la poudre de pistaches par de la poudre d'amandes et ajouter 1 cuillerée de pâte de pistaches.

rose tarte

PRUNE AMANDE

Pour 6 rose tartes
Préparation 20 minutes
Cuisson 40 minutes

1 pâte feuilletée
4 prunes
Sucre glace

CRÈME D'AMANDES
50 g de poudre d'amandes
50 g de beurre mou
1 œuf
50 g de sucre

6 moules à muffin

Couper les prunes en deux et ôter le noyau. Découper des lamelles de 1 à 2 mm.

Préchauffer le four à 190 °C. Couper la pâte en 6 bandes de 5 cm de large. Les disposer horizontalement devant soi. Fouetter les ingrédients de la crème d'amandes puis en étaler 1 cuillerée à soupe sur chaque bande. Déposer des lamelles de prune sur la moitié supérieure en les chevauchant et en les laissant dépasser un peu. Replier la moitié inférieure de la bande sur les fruits en appuyant légèrement.

Rouler chaque bande sur elle-même et la placer dans un moule à muffin. Enfourner 40 minutes dans le bas du four. Laisser tiédir, démouler et saupoudrer de sucre glace.

rose tarte
REINE-CLAUDE

Pour 6 rose tartes
Préparation 15 minutes
Cuisson 30 minutes

1 pâte sablée*
600 g de reines-claudes
6 cuillerées à soupe de confiture d'abricots
20 g de poudre d'amandes
30 g de sucre roux
30 g d'amandes effilées

6 moules à tartelette

***pâte sablée maison p. 73**

Préchauffer le four à 180 °C. Couper 6 disques un peu plus grands que les moules à tartelette dans la pâte sablée. Foncer les moules, piquer la pâte à l'aide d'une fourchette et précuire 10 minutes au four.

Couper les reines-claudes en quatre et ôter le noyau. Couper chaque quartier en deux, dans le sens de la longueur. Mélanger la confiture et la poudre d'amandes. Répartir ce mélange sur les fonds de tarte. Disposer les lamelles de reine-claude dessus, peau vers le haut, en partant de l'extérieur et en les faisant se chevaucher. Saupoudrer de sucre roux et enfourner 20 minutes.

Griller les amandes effilées dans une poêle à sec, sur feu moyen, pendant 5 minutes environ. Les répartir sur les tartelettes.

rose tarte

KAKI QUATRE-ÉPICES

Pour 6 rose tartes
Préparation 30 minutes
Cuisson 35 minutes

1 pâte feuilletée
2 kakis
2 cuillerées à café de quatre-épices
10 g de sucre
60 g de beurre
50 cl d'eau
Le jus de ½ citron

Couper les kakis en deux et ôter le cœur. Découper des lamelles de 1 à 2 mm d'épaisseur. Porter à ébullition l'eau avec le jus de citron, 50 g de sucre et 1 cuillerée de quatre-épices. Plonger les lamelles de kaki dans le sirop, laisser cuire 10 minutes puis égoutter.

Préchauffer le four à 190 °C. Couper la pâte en 6 bandes de 5 cm de large. Les disposer horizontalement devant soi. Faire fondre le beurre, ajouter 60 g de sucre et 1 cuillerée quatre-épices. Mélanger. Étaler 1 cuillère à café de beurre épicé sur chaque bande. Disposer les lamelles de fruit sur la moitié supérieure en les chevauchant et en les laissant dépasser un peu. Badigeonner les kakis du reste de beurre épicé. Replier la moitié inférieure de la bande sur les fruits en appuyant légèrement.

Rouler chaque bande sur elle-même et la placer dans un moule à muffin. Enfourner 35 minutes dans le bas du four. Laisser tiédir et démouler.

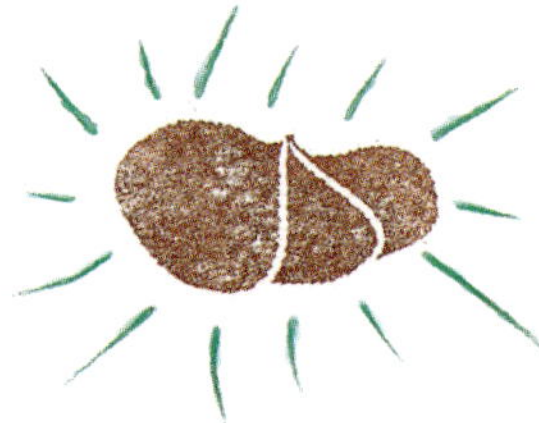

rose tarte

COING CHÂTAIGNE

Pour 6 rose tartes
Préparation 30 minutes
Cuisson 40 minutes

1 pâte feuilletée
2 coings
100 g de crème de marrons
1 gousse de vanille
Le jus de ½ citron
50 g de sucre
50 cl d'eau

6 moules à muffin

Couper les coings en lamelles de 1 à 2 mm d'épaisseur. Ôter le cœur de chaque lamelle. Porter à ébullition l'eau avec le jus de citron, le sucre ainsi que les graines de vanille et la gousse ouverte. Plonger les lamelles de coing dans le sirop, laisser cuire 10 minutes puis égoutter.

Préchauffer le four à 190 °C. Couper la pâte en 6 bandes de 5 cm de large. Les disposer horizontalement devant soi. Étaler 1 cuillerée à soupe de crème de marrons sur chaque bande. Disposer les lamelles de coing sur la moitié supérieure en les chevauchant et en les laissant dépasser un peu. Replier la moitié inférieure de la bande sur les fruits en appuyant légèrement.

Rouler chaque bande sur elle-même et la placer dans un moule à muffin. Enfourner 40 minutes dans le bas du four. Laisser tiédir et démouler.

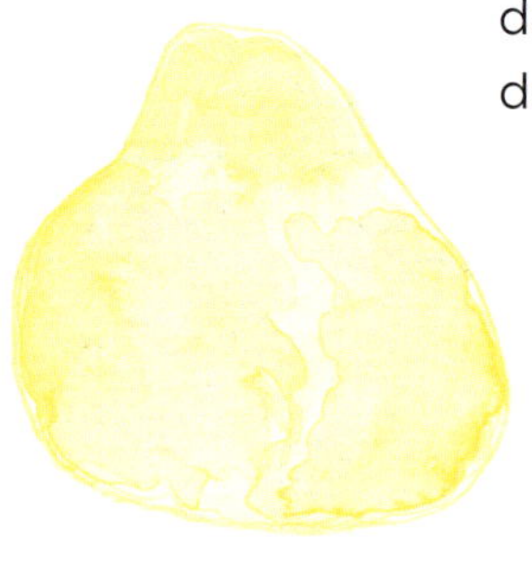

rose tarte
POMME COMPOTE

Pour 8 personnes
Préparation 1 heure
Cuisson 25 minutes

1 pâte sablée*
4 pommes
100 g de compote de pommes
1 sachet de sucre vanillé
Le jus de 1 citron
100 g de sucre
1 litre d'eau

1 moule à tarte (24 cm)

***pâte sablée maison p. 73**

Préchauffer le four à 190 °C. Foncer le moule avec la pâte, la piquer à l'aide d'une fourchette et la précuire 15 minutes au four.

Couper les pommes en quatre puis ôter le cœur. Découper des lamelles de 1 à 2 mm d'épaisseur. Porter à ébullition l'eau avec le jus de citron et le sucre. Plonger les lamelles dans le sirop, laisser cuire 5 minutes puis égoutter.

Étaler la compote sur le fond de tarte. Enrouler une lamelle de pomme sur elle-même et la planter dans la pâte. Enrouler une deuxième lamelle autour de la première et continuer jusqu'à l'obtention d'un bouton de rose. Recouvrir ainsi tout le fond de tarte de boutons de rose. Saupoudrer de sucre vanillé et enfourner 25 minutes.

rose tarte
POMME CHOCOLAT

Pour 8 personnes
Préparation 1 heure
Cuisson 40 minutes

1 pâte sablée*
4 pommes
80 g de chocolat noir
40 g de beurre de cacahuètes
5 cl de crème liquide entière
30 g de cacahuètes grillées concassées
1 jaune d'œuf
100 g de sucre
Le jus de 1 citron
50 cl d'eau

1 moule rond (24 cm)

***pâte sablée maison p. 73**

Préchauffer le four à 190 °C. Foncer le moule avec la pâte, la piquer à la fourchette et la précuire 10 minutes au four.

Faire fondre le chocolat au micro-ondes ou au bain-marie. Faire chauffer la crème liquide dans une casserole et la verser sur le chocolat, en 3 fois, en mélangeant bien après chaque ajout. Incorporer le beurre de cacahuètes, puis le jaune d'œuf. Étaler la crème chocolat sur le fond de tarte.

Couper les pommes en quatre, ôter le cœur. Découper des lamelles de 2 mm d'épaisseur. Porter à ébullition l'eau avec le jus de citron et le sucre. Plonger les lamelles dans le sirop, laisser cuire 5 minutes puis égoutter.

Enrouler une lamelle de pomme sur elle-même et la planter dans la pâte. Enrouler une deuxième lamelle autour de la première et continuer jusqu'à l'obtention d'un bouton de rose. Recouvrir ainsi tout le fond de tarte de boutons de rose. Enfourner 40 minutes. Saupoudrer de cacahuètes grillées concassées.

rose tarte

POMME GRENADE

Pour 8 personnes
Préparation 1 heure
Cuisson 25 minutes

1 pâte sablée*
3 pommes
1 grenade
1 bâton de cannelle
1 cuillerée à café de cannelle en poudre
30 g de beurre
50 g de sucre
40 g de sucre roux
Le jus de 1 citron
50 cl d'eau

1 moule à tarte (11 x 35 cm ou 24 cm de diamètre)

***pâte sablée maison p. 73**

Préchauffer le four à 190 °C. Foncer le moule avec la pâte, la piquer à l'aide d'une fourchette et la précuire 15 minutes au four.

Couper les pommes en quatre puis ôter le cœur. Découper des lamelles de 1 à 2 mm d'épaisseur. Porter à ébullition l'eau avec le jus de citron, le sucre et le bâton de cannelle. Plonger les lamelles dans le sirop, laisser cuire 5 minutes puis égoutter.

Faire fondre le beurre, ajouter le sucre roux et la cannelle, mélanger puis en badigeonner le fond de tarte. Enrouler une lamelle de pomme sur elle-même et la planter dans la pâte. Enrouler une deuxième lamelle autour de la première et continuer jusqu'à l'obtention d'un bouton de rose. Recouvrir ainsi tout le fond de tarte de boutons de rose. Répartir les grains de la grenade dessus. Enfourner 25 minutes.

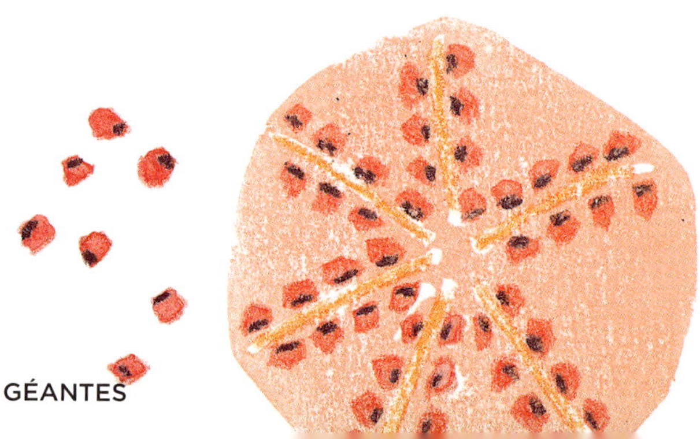

rose tarte POMME PRALINÉ

Pour 8 personnes
Préparation 1 h 30
Cuisson 30 minutes

1 pâte brisée*
4 pommes
50 g de pâte à tartiner aux noisettes
50 g de pralin
5 cl de crème liquide
50 cl d'eau
Le jus de 1 citron

1 moule rond (24 cm)

***pâte brisée maison p.73**

Préchauffer le four à 190 °C. Foncer le moule avec la pâte, la piquer à l'aide d'une fourchette et la précuire 15 minutes au four. Mélanger la crème liquide et la pâte à tartiner. L'étaler sur le fond de tarte.

Mélanger l'eau et le jus de citron. Ôter le cœur des pommes avec un vide-pomme. En partant du haut de chaque pomme, couper des lamelles à l'épluche-légumes, à l'horizontal, de façon à avoir toujours une lanière de peau. Les plonger au fur et à mesure dans l'eau citronnée. Enrouler les lamelles sur elles-mêmes et les planter sur le fond de tarte jusqu'à le recouvrir entièrement.

Enfourner 30 minutes. Saupoudrer de pralin.

rose tarte

PÊCHE AMANDE

Pour 8 personnes
Préparation 1 heure
Cuisson 50 minutes

1 pâte sablée*
4 pêches
50 g de poudre d'amandes
1 sachet de sucre vanillé
1 œuf
50 g de sucre
50 g de beurre mou

1 moule rond (24 cm)

***pâte sablée maison p.73**

Préchauffer le four à 190 °C. Foncer le moule avec la pâte, la piquer à l'aide d'une fourchette et la précuire 10 minutes au four. Couper les pêches en quatre et ôter le noyau. Découper des lamelles de 1 à 2 mm d'épaisseur en les disposant au fur et à mesure sur un papier absorbant.

Mélanger l'œuf, le sucre, la poudre d'amandes et le beurre. Étaler la crème sur le fond de tarte. Enrouler une lamelle de pêche sur elle-même et la planter dans la pâte. Enrouler une deuxième lamelle autour de la première et continuer jusqu'à l'obtention d'un bouton de rose. Recouvrir ainsi tout le fond de tarte de boutons de rose.

Enfourner 50 minutes. Saupoudrer de sucre vanillé.

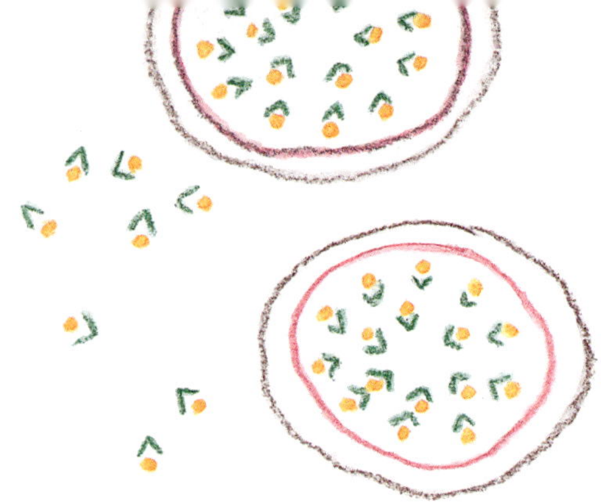

rose tarte EXOTIQUE

Pour 8 personnes
Préparation 1 heure
Cuisson 40 minutes

- 1 pâte brisée*
- 2 mangues
- 120 g de fruits de la Passion
- 50 g de noix de coco râpée
- 1 œuf
- 50 g de beurre mou
- 50 g de sucre
- Copeaux de noix de coco

1 moule à tarte (24 cm)

***pâte brisée maison p. 73**

Préchauffer le four à 190 °C. Foncer le moule avec la pâte, la piquer avec une fourchette et la précuire 10 minutes au four. Mélanger l'œuf et le beurre. Ajouter le sucre puis la noix de coco en mélangeant bien après chaque ajout de façon à obtenir une crème homogène. L'étaler sur le fond de tarte.

Éplucher les mangues. Découper des lamelles de 2 mm d'épaisseur à l'aide d'un couteau bien aiguisé ou d'une mandoline puis couper chaque lamelle en deux dans la largeur. Enrouler une lamelle de mangue sur elle-même et la planter dans la pâte. Enrouler une deuxième lamelle autour de la première et continuer jusqu'à l'obtention d'un bouton de rose. Recouvrir ainsi tout le fond de tarte de boutons de rose.

Enfourner 40 minutes. Verser le jus et les pépins des fruits de la Passion sur la tarte. Décorer de copeaux de noix de coco.

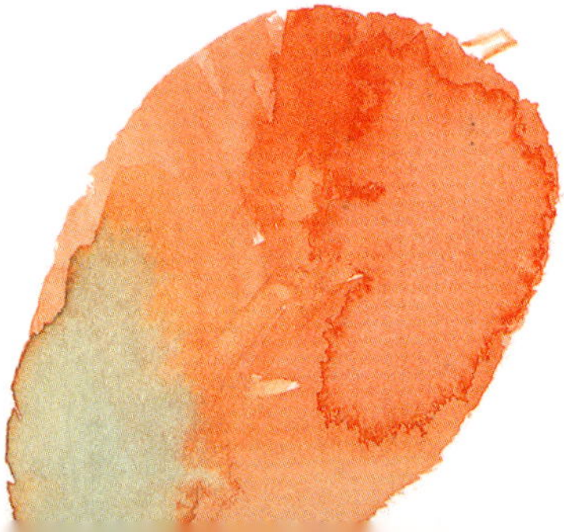

rose tarte

POMME FRAMBOISE

Pour 8 personnes
Préparation 1 h 30
Cuisson 50 minutes

1,5 pâte feuilletée
4 pommes
100 g de framboises fraîches
50 g de confiture de framboises
100 g de sucre
Le jus de 1 citron
1 litre d'eau
Sucre glace

1 moule rond (24 cm)

Couper les pommes en quatre puis ôter le cœur. Découper des lamelles de 1 à 2 mm d'épaisseur. Porter à ébullition l'eau avec le jus de citron et le sucre. Plonger les lamelles de pomme dans le sirop, laisser cuire 5 minutes puis égoutter.

Préchauffer le four à 190 °C. Découper des bandes de 4 cm de large dans la pâte. Les disposer à l'horizontale devant soi. Étaler 1 cuillerée à café de confiture sur chacune. Déposer des lamelles de pomme sur la partie supérieure de chaque bande en les chevauchant et en les laissant dépasser un peu (peau vers le haut. Replier la partie inférieure de la pâte sur les fruits en appuyant légèrement.

Rouler la bande sur elle-même et la placer dans le moule beurré. Renouveler l'opération jusqu'à remplir le moule, en collant les boutons de rose les uns aux autres. Enfourner 50 minutes dans le bas du four. Laisser tiédir et répartir les framboises sur la tarte. Saupoudrer de sucre glace.

rose tarte
TUTTI FRUTTI

Pour 8 personnes
Préparation 1 h 30
Cuisson 50 minutes

1,5 pâte feuilletée
1 pomme
1 poire
2 prunes
1 pêche
1 nectarine
50 g de confiture d'abricots
100 g de sucre
Le jus de 1 citron
50 cl d'eau
Sucre glace

1 moule à tarte (24 cm)

Couper les prunes en deux et les autres fruits en quatre puis ôter le cœur ou le noyau. Découper des lamelles de 1 à 2 mm d'épaisseur. Porter à ébullition l'eau avec le jus de citron et le sucre. Plonger les lamelles de pomme et de poire dans le sirop, laisser cuire 5 minutes puis égoutter.

Préchauffer le four à 190 °C. Découper des bandes de 4 cm de large dans la pâte. Les disposer à l'horizontale devant soi. Étaler 1 cuillerée à café de confiture sur chacune. Déposer des lamelles de fruits en alternant les variétés sur la partie supérieure de chaque bande en les chevauchant et en les laissant dépasser un peu. Replier la partie inférieure de la pâte sur les fruits en appuyant légèrement.

Rouler la bande sur elle-même et la placer dans le moule beurré. Renouveler l'opération jusqu'à remplir le moule. Enfourner 50 minutes dans le bas du four. Laisser tiédir et saupoudrer de sucre glace.

rose tarte
POMME CARAMEL

Pour 8 personnes
Préparation 45 minutes
Repos 30 minutes
Cuisson 25 minutes

SABLÉ BRETON
2 jaunes d'œufs
40 g de sucre
100 g de beurre mou
150 g de farine
½ sachet de levure
1 pincée de fleur de sel

POMMES CARAMÉLISÉES
3 pommes
20 g de beurre
30 g de cassonade

CARAMEL AU BEURRE SALÉ
50 g de sucre
4 cl de crème liquide
10 g de beurre demi-sel
Le jus de ½ citron

Pour le sablé, fouetter les jaunes d'œufs avec le sucre. Incorporer le beurre. Mélanger la farine, la levure et la fleur de sel. Les incorporer au mélange précédent. Envelopper la pâte dans du film et la placer 30 minutes au réfrigérateur. Préchauffer le four à 170 °C. Étaler la pâte sur 1 cm d'épaisseur sur une plaque recouverte de papier sulfurisé, découper un disque à l'aide d'un cercle ou d'une assiette (24 cm). Enfourner 15 minutes.

Pour le caramel au beurre salé, faire cuire le sucre et le jus de citron dans une casserole jusqu'à ce que le sucre prenne une couleur caramel. Faire chauffer la crème et la verser dessus. Hors du feu, ajouter le beurre et mélanger.

Couper les pommes en huit et ôter le cœur. Faire chauffer le beurre et la cassonade dans une poêle. Y faire caraméliser les pommes à feu moyen pendant 5 minutes en les retournant à mi-cuisson. Verser 50 g de caramel sur le sablé breton. Disposer les pommes, peau vers le haut, en les faisant se chevaucher, en partant de l'extérieur. Enfourner pour 10 minutes. Servir avec le caramel restant.

rose tarte POMME CANNELLE

Pour 8 personnes
Préparation 1 heure
Cuisson 35 minutes

1 pâte sablée*
6 pommes
Le jus de 1 citron
1 bâton de cannelle
125 g de sucre
1,25 litre d'eau
60 g de beurre
40 g de sucre roux
2 cuillerées à café
de cannelle

1 moule rond (24 cm)

***pâte sablée maison p. 73**

Préchauffer le four à 190 °C. Foncer le moule avec la pâte, la piquer avec une fourchette et la précuire 15 minutes au four.

Couper les pommes en quatre puis ôter le cœur. Découper des lamelles de 1 à 2 mm d'épaisseur. Dans une casserole, porter à ébullition l'eau avec le jus de citron, le bâton de cannelle et le sucre. Plonger les pommes dans le sirop, laisser cuire 5 minutes puis égoutter.

Faire fondre le beurre, ajouter le sucre roux et la cannelle en poudre, mélanger puis badigeonner 4 cuillerées à soupe de ce mélange sur la pâte. Enrouler une lamelle de pomme sur elle-même et la planter au centre de la pâte. Enrouler une deuxième lamelle autour de cette première et continuer, en faisant chevaucher les lamelles, jusqu'à recouvrir l'intégralité de la pâte et à former un bouton de rose géant. Verser le reste du mélange beurre, sucre, cannelle sur les pommes. Enfourner 35 minutes.

rose tarte
BANANE SPÉCULOOS

Pour 8 personnes
Préparation 40 minutes
Repos 1 heure
Cuisson 10 minutes

4 bananes
200 g de spéculoos
20 g de sucre roux
70 g de beurre fondu
Le jus de 1 citron

CRÈME VANILLE
20 cl de lait entier
1 gousse de vanille
2 jaunes d'œufs
30 g de sucre
20 g de Maïzena®
20 g de beurre

1 moule à charnières (24 cm)

Préparer la crème vanille : faire chauffer le lait dans une casserole avec les graines de vanille et la gousse ouverte. Laisser infuser 1 heure. Fouetter les jaunes d'œufs avec le sucre, puis incorporer la Maïzena®. Retirer la gousse de vanille et verser le lait petit à petit sur la préparation, sans cesser de fouetter. Transvaser le tout dans la casserole et faire chauffer sur feu moyen pendant 5 minutes, jusqu'à ce que le mélange épaississe. Hors du feu, ajouter le beurre et mélanger. Filmer en collant le film à la crème et placer au frais.

Préchauffer le four à 180 °C. Mixer les spéculoos et le beurre fondu jusqu'à l'obtention d'une pâte homogène. La répartir dans le moule garni de papier sulfurisé. Tasser avec le dos d'une cuillère à soupe. Enfourner 10 minutes. Laisser refroidir, placer sur le plat de service et démouler.

Étaler la crème vanille sur la pâte. Couper les bananes en rondelles et les arroser de jus de citron. Les répartir sur la pâte en les faisant se chevaucher de manière à former une fleur géante. Saupoudrer de sucre roux.

rose tarte FRAISE TIRAMISU

Pour 8 personnes
Préparation 35 minutes
Cuisson 10 minutes

300 g de fraises
200 g de spéculoos
80 g de mascarpone
70 g de beurre fondu
1 œuf
20 g de sucre
Sucre glace

1 moule à charnières (24 cm)

Préchauffer le four à 180 °C. Mixer les spéculoos et le beurre fondu jusqu'à l'obtention d'une pâte homogène. La répartir dans le moule garni de papier sulfurisé. Tasser avec le dos d'une cuillère. Enfourner 10 minutes. Laisser refroidir, placer sur le plat de service et démouler.

Séparer le blanc du jaune d'œuf. Fouetter le jaune avec le mascarpone et 10 g de sucre. Monter le blanc en neige ferme en ajoutant petit à petit 10 g de sucre. Incorporer délicatement le blanc en neige à la crème mascarpone. Étaler la préparation sur la pâte aux spéculoos.

Équeuter les fraises. Garder 1 fraise entière, couper les autres en lamelles dans le sens de la hauteur. Déposer des lamelles de fraise tête en bas sur le bord de la pâte puis répartir les autres à l'intérieur, tête en haut, en les faisant se chevaucher. Réaliser 5 entailles tout autour de la fraise entière sur ½ cm de hauteur et ½ cm de largeur. La déposer au centre de la tarte. Saupoudrer de sucre glace.

rose tarte
POMME DE TERRE

Pour 6 personnes
Préparation 25 minutes
Cuisson 35 minutes

1 pâte feuilletée
3 pommes de terre
2 tranches de jambon blanc
50 g de gruyère râpé
60 g de moutarde
40 g de beurre demi-sel fondu
2 cuillerées à soupe de crème liquide

6 moules à muffin

Couper les pommes de terre en lamelles de 1 à 2 mm d'épaisseur. Les faire cuire à l'eau bouillante salée pendant 10 minutes puis les égoutter.

Préchauffer le four à 190 °C. Couper la pâte en 6 bandes de 5 cm de large. Les disposer à l'horizontale devant soi. Mélanger la crème liquide, le gruyère et la moutarde. Étaler 1 cuillerée à soupe de cette préparation sur chaque bande. Disposer des lamelles de pomme de terre sur la partie supérieure en les chevauchant et en les laissant dépasser un peu. Badigeonner le tout de beurre fondu. Couper le jambon en lanières de 2 cm de large et les répartir sur les pommes de terre. Replier la partie inférieure de la bande sur la garniture en appuyant légèrement.

Rouler chaque bande sur elle-même et la placer dans un moule à muffin. Enfourner 35 minutes dans le bas du four. Laisser tiédir et démouler.

rose tarte

COURGETTE MOZZA

Pour 6 personnes
Préparation 25 minutes
Cuisson 35 minutes

1 pâte feuilletée
2 petites courgettes
125 g de mozzarella
4 cl d'huile d'olive
1 cuillerée à soupe d'herbes de Provence

6 moules à muffin

Couper les courgettes en rondelles de 1 à 2 mm d'épaisseur. Les faire cuire à l'eau bouillante salée pendant 5 minutes puis les égoutter.

Préchauffer le four à 190 °C. Couper la pâte en 6 bandes de 5 cm de large. Les disposer à l'horizontale devant soi. Disposer les rondelles de courgette sur la partie supérieure de chaque bande en les chevauchant et en les laissant dépasser un peu. Mélanger l'huile d'olive et les herbes de Provence et en badigeonner les courgettes. Couper la mozzarella en fines lamelles et les répartir sur les courgettes. Replier la partie inférieure de la bande sur la garniture en appuyant légèrement.

Rouler chaque bande sur elle-même et la placer dans un moule à muffin. Enfourner 35 minutes dans le bas du four. Laisser tiédir et démouler.

rose tarte
CAROTTE GOUDA

Pour 6 personnes
Préparation 25 minutes
Cuisson 35 minutes

1 pâte feuilletée
2 grosses carottes
100 g de gouda en tranches
40 g de beurre demi-sel fondu
1 cuillerée à café de cumin en poudre

6 moules à muffin

Couper les carottes en rondelles de 1 à 2 mm d'épaisseur. Les faire cuire à l'eau bouillante salée pendant 5 minutes puis les égoutter.

Préchauffer le four à 190 °C. Couper la pâte en 6 bandes de 5 cm de large. Les disposer à l'horizontale devant soi. Disposer les lamelles de carotte sur la partie supérieure de chaque bande en les chevauchant et en les laissant dépasser un peu. Mélanger le beurre fondu et le cumin, et en badigeonner les carottes. Couper des bandes de gouda et les répartir sur les carottes. Replier la partie inférieure de la pâte sur la garniture en appuyant légèrement.

Rouler chaque bande sur elle-même et la placer dans un moule à muffin. Enfourner 35 minutes dans le bas du four. Laisser tiédir et démouler.

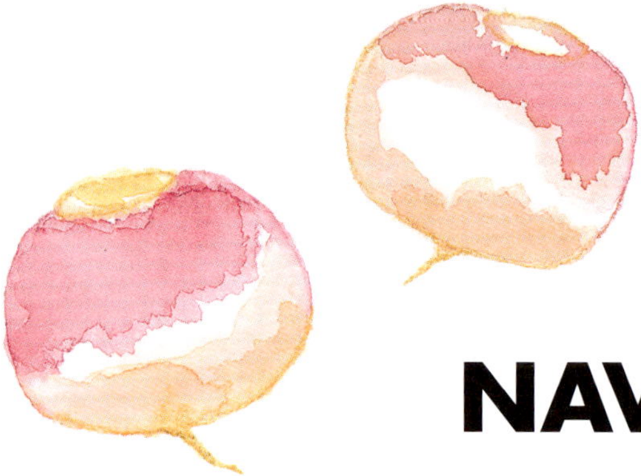

rose tarte
NAVET CHÈVRE LARD

Pour 6 personnes
Préparation 30 minutes
Cuisson 35 minutes

1 pâte feuilletée
2 navets
60 g de fromage
de chèvre frais
6 tranches de lard
Miel liquide

6 moules à muffin

Couper les navets en deux. Les couper en lamelles de 1 à 2 mm d'épaisseur. Les faire cuire 10 minutes à l'eau bouillante salée puis les égoutter.

Préchauffer le four à 190 °C. Couper la pâte en 6 bandes de 5 cm de large. Les disposer à l'horizontale devant soi. Étaler 1 cuillerée à soupe de fromage de chèvre sur chaque bande. Disposer les lamelles de navet sur la partie supérieure en les chevauchant et en les laissant dépasser un peu. Recouvrir d'une tranche de lard. Replier la partie inférieure de la bande sur la garniture en appuyant légèrement.

Rouler chaque bande sur elle-même et la placer dans un moule à muffin. Enfourner 35 minutes dans le bas du four. Laisser tiédir et démouler. Napper de miel liquide.

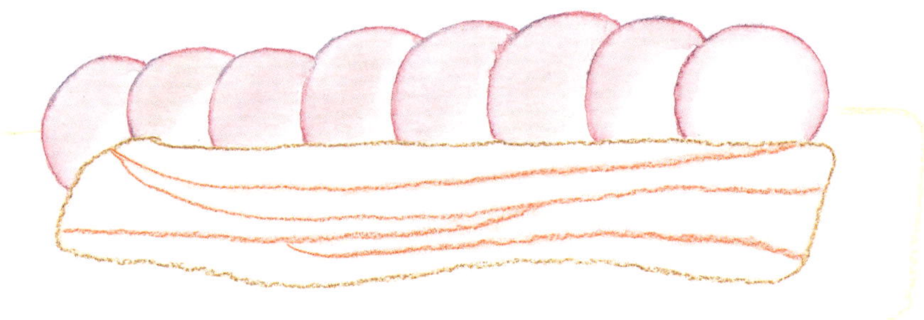

rose tarte
POTIMARRON NOISETTE

Pour 6 personnes
Préparation 30 minutes
Cuisson 35 minutes

1 pâte feuilletée
1 potimarron
2 tranches de jambon cru
30 g de noisettes concassées grillées
30 g de poudre de noisettes
3 cuillerées à soupe de crème fraîche
1 pincée de sel
1 pincée de poivre

6 moules à muffin

Couper le potimarron en quatre et retirer les graines. Découper des lamelles de 1 à 2 mm d'épaisseur. Les faire cuire à l'eau bouillante salée pendant 5 minutes puis les égoutter.

Préchauffer le four à 190 °C. Couper la pâte en 6 bandes de 5 cm de large. Les disposer à l'horizontale devant soi. Mélanger la crème fraîche, la poudre de noisettes, le sel et le poivre. Répartir cette préparation sur les bandes de pâte. Disposer les lamelles de potiron sur la partie supérieure en les chevauchant et en les laissant dépasser un peu. Couper le jambon en fines lanières et les répartir sur le potimarron. Replier la partie inférieure de la bande sur la garniture en appuyant légèrement.

Rouler chaque bande sur elle-même et la placer dans un moule à muffin. Enfourner 35 minutes dans le bas du four. Laisser tiédir, démouler et saupoudrer de noisettes.

REMERCIEMENTS

Merci à mes filles, premières fans de ce livre,
et à ma princesse Elisa à qui je pense beaucoup.
Merci à ma sœur Élodie qui me supporte depuis toujours.
Merci à Christine et David pour leurs photos magnifiques, et surtout à Mirko pour sa patience et son regard critique et bienveillant !
Merci à toute l'équipe de Marabout pour ce joli sujet.

www.iletaitunefoislapatisserie.com

SHOPPING

La Bovida

Simon

Merci a Boris pour son miel de Sologne encore en alvéoles. Boris, apiculteur : 06 23 50 97 86

Mise en pages : Frédéric Voisin

Relecture : Audrey Genin et Natacha Kotchetkova

58, rue Jean Bleuzen, 92178 Vanves Cedex

Dépôt légal : avril 2016

7003658

ISBN : 978-2-501-11268-0

Achevé d'imprimer en Espagne chez Graphicas Estella en janvier 2016

PAPIER À BASE DE FIBRES CERTIFIÉES

MARABOUT s'engage pour l'environnement en réduisant l'empreinte carbone de ses livres. Celle de cet exemplaire est de : 400 g éq. CO_2
Rendez-vous sur www.marabout-durable.fr

PÂTE SABLÉE MAISON

Mélanger 220 g de farine, 90 g de sucre glace, 30 g de poudre d'amandes et 2 g de sel. Ajouter 130 g de beurre coupé en morceaux et pétrir du bout des doigts jusqu'à l'obtention d'un mélange sableux. Incorporer 1 œuf et pétrir jusqu'à obtenir une pâte homogène. Former une boule, l'envelopper dans du film alimentaire et la placer 30 minutes au réfrigérateur.

PÂTE BRISÉE MAISON

Mélanger 250 g de farine, 50 g de sucre et 1 pincée de sel. Ajouter 125 g de beurre mou, 1 jaune d'œuf et 5 cl d'eau en pétrissant bien après chaque ajout. Former une boule, l'envelopper dans du film alimentaire et la placer 30 minutes au réfrigérateur.